Marie Eugenie Delle Grazie

Moralische Walpurgisnacht

Marie Eugenie Delle Grazie

Moralische Walpurgisnacht

ISBN/EAN: 9783743350847

Hergestellt in Europa, USA, Kanada, Australien, Japan

Cover: Foto ©ninafisch / pixelio.de

Manufactured and distributed by brebook publishing software (www.brebook.com)

Marie Eugenie Delle Grazie

Moralische Walpurgisnacht

Personen:

Die Heuchelei.
Das Eigentum.
Die Humanität.
Die Ehe.
Die Gerechtigkeit.
Die Wissenschaft.
Die öffentliche Meinung.
Der Kritiker.
Der Dichter.
Die Arbeiter.

Zeit: die Gegenwart.　　Ort: überall.

Scene:

große, unterirdische, festlich beleuchtete Grotte. Die Embleme überwundener Kulte schmücken die Wände. In der Mitte der Grotte, auf erhöhtem Throne, die Heuchelei. Sie trägt auf dem Haupte eine Tiara, in der Rechten ein Scepter. Weit und keusch herabfließende Hüllen verbergen ihre Formen. Eine Maske bedeckt ihr Antlitz. Zu ihrer Linken, aus einem riesigen Goldhaufen emporwachsend, ein Altar. Auf seinen Stufen und rings um ihn lagern üppige Weiber, in fließende Gewänder gehüllt, wie die Heuchelei, doch ohne Masken. Eine, mit mystischen Zeichen bedeckte, goldene Pforte springt mit metallischem Klange von selbst auf; dahinter wird ein dunkler Gang sichtbar.

Heuchelei

(indem sie mit Zeichen der Ungeduld sich vom Throne erhebt).

Die Stunde schlug — wo bleiben meine Treu'n?
Weit offen steh'n des Heiligtumes Pforten —
Wie stürmten sie, mit mir sich zu erfreu'n,
Froh, jauchzend sonst herbei von allen Orten!

Wär' — *(greift besorgt nach ihrer Tiara)* aber nein, ich fühl's: noch sitzt sie fest,

Noch bin ich stark, noch herrsche ich dort oben —

Nicht Untreu ist es, die mich harren läßt!

So mög' denn dieses Scepter sich erproben. . . .

(Sie schwingt, leise murmelnd, den Herrscherstab nach Ost, Süd, West und Nord. Aus dem Hintergrunde her beginnt eine leise, geheimnisvolle Musik zu ertönen. Die um den Altar lagernden Frauen erheben sich, reichen sich die Hände, und singen, dem Rhythmus der Musik folgend:)

Wo ihr auch seid — herbei, herbei,

Zum Gottesdienst der Heuchelei!

Ihr schillernd Scepter streckt sie aus,

Und lädt zu Gast euch in ihr Haus —

Sprecht Wahrheit, bis der Tag erwacht,

Seid ohne Mask' für diese Nacht!

(drehen sich im Reigen um den Altar)

Komm Eigentum, und werd' an Gold und Goldesglanz beredt!

Komm Ehe, keusche Schweigerin, werd' warm in fremdem Bett!

Gerechtigkeit, dich rufen wir, zeig, daß dein Bild nur blind,

Und daß an deiner Wage nicht umsonst — zwei Schalen sind!

Wohlthätigkeit, rührsel'ger Dieb, der treu den Nächsten liebt,

Sag uns, wie viel die Linke nahm, so oft die Rechte giebt!

Du, Mann des Wissens, zeige uns die Wahrheit in — Pension,

Und du, o Tagesmeinung, nenn' uns deinen Dirnenlohn!

(Hastige Schritte und wirre Stimmen werden laut.)

Heuchelei.

Sie nahen! (zu den Frauen) Seid des Trugs bedacht,
Der neu sie giebt in meine Macht.

(Setzt sich. Hereindrängen sich nun: das Eigentum, wohlgenährter, asthmatischer Geselle, den letzten Kurszettel in der Hand. Ihm folgt, in Bedienten=Livrée, die Humanität mit einem Zeitungsausweis über wohlthätige Spenden; dann die Ehe, Mann und Weib, an Händen und Füßen mit lebenden Schlangen anein=

ander gefesselt. Die Gerechtigkeit, reichbesternte, männliche Erscheinung in Toga und Barett. Die Wissenschaft: Akademiker. Die Öffentliche Meinung, frech geschminkte, nach dem letzten Journal gekleidete Modedame. Zuletzt der Kritiker. Alle maskiert. Die Grotte schließt sich wieder.)

Heuchelei.

Wo weiltet ihr so lang?

Gerechtigkeit

(vortretend).

Verzeih',
Erhab'ne Meist'rin Heuchelei —
Doch oben gab's 'nen schlimmen Strauß,
fast wähnt' ich schon, mein Reich sei aus!

Heuchelei.

Ha — ! Doch erzähl'!

(zwei keifende Stimmen werden laut)

Wer mengt sich drein?

Gerechtigkeit
(mit einem mißbilligenden Blick).

Die Eh' — das kann nie ruhig sein!

Der Mann.
Hätt' dein verfluchter Paragraph
Uns nicht zusammgekoppelt!

Das Weib.
Umsonst: wie ich mich wend' und dreh' —
Die Qual bleibt immer doppelt!

(Beide bemühen sich, die Schlangenknoten zu lösen.)

Heuchelei.
Gerechtigkeit, dich frug ich, sprich!

Eigentum
(sich vordrängend).

Denk' nur, die Armen rühren sich!
Sie wollen nicht mehr werken und schaffen,

Nicht mehr für mich erringen, erraffen —
Still stehen meine Maschinen und rosten!

Gerechtigkeit.

Dafür ließ ich sie Pulver kosten!
So ein Sälvchen nur, das macht wie im Spiel
Die Schreier stumm, und die Trotz'gen agil!
Ich denk', es wird ein Exempel sein —

Alle.

Hahaha — nun mögen sie schrei'n!

Heuchelei.

Was aber wollen sie?

Ehe
(wie aus einem Munde).

Freie Liebe!

Öffentliche Meinung.

Die Ungebundenheit roher Triebe!

Eigentum.

Ah — pah! Das Schlimmste wär' das nicht!
Doch auch Gütergemeinschaft wollen sie,
Und keine Herren!

Humanität.

Das arme Vieh!
Wer baute dann Kirchen und Spitäler
Und Waisenhäuser? (mit einem Blick nach oben)
Wir, seine Quäler!

Heuchelei
(nach der Humanität schielend, für sich).

Fast trifft sie's schon wie ich — 's ist stark,
Das geht selbst mir durch Bein und Mark!

(zur Gerechtigkeit)

Genug! Ihr habt sie zur Ruh' gebracht?

Alle.

Wir bringen dir die alte Macht!

Heuchelei.

Nehmt teil denn auch an meinen Freuden!
(hebt das Scepter)
Die Masken ab!

Gerechtigkeit
(sich vergeblich mühend).

Der Teufel auch —

Eigentum
(ebenso).

Das wär' ein selt'ner Maskenbrauch!

Alle.

Wir können nicht — sie sind uns angewachsen!

Heuchelei.

Müht euch —

Alle.

Vergeblich! Fleisch und Bein, —
Ein neuer Teil von unsrem Sein!

Heuchelei
(beunruhigt).

Wie deut' ich nun dies Wunder mir?

Akademiker
(tritt vor).

Erlaub', ich bracht' es zu Papier,
Nach Darwins prächt'ger Theorie,
Da bedarf's keiner weiteren Philosophie!

Anpassung nennt er dies Wunder, nenn's ich —
Das heißt: die im Kampf ums Dasein wir
Allmählich erst erprobten — die Waffen,
Die werden hinfort von Geschlecht zu Geschlecht
Mit dem Individuum zugleich erschaffen!
Was Frevel einst schien, nun ward es Recht —
Naturrecht ... immanente Kraft!

Öffentliche Meinung.

Welch' Tiefsinn! Das nenn' ich Wissenschaft!

Akademiker.

Und was an dieser Theorie
Bei weitem noch das Beste ist:
Es fand sich bereits ein Moralist
Für sie!

Öffentliche Meinung.

Welch' Glück, in unf'ren Tagen!

Heuchelei.

Sein Name?

Akademiker.

Friedrich Nietzsche!

Öffentliche Meinung
(zurückweichend).

Hu!

Heuchelei.

Seid ihr von Sinnen, Doktor? Der!
Sein Nam' genügt, daß es mich juckt —
Er hat mir ins Gesicht gespuckt,
Und wider mich die Hand erhoben —
Soll ich zum Dank dafür ihn loben?

Akademiker.

Wie jäh! Das ist so Frauenart!

Der Ärmste hat sich selbst genarrt,
Und, was er auch wider uns dociert,
Zum Schluß deinen Kern herausphilosophiert!

Heuchelei.

Nicht daß ich wüßte!

Akademiker
(mit feinem Lächeln).

Er gab dem Fall
Nur den stolzen Namen — Herren-Moral.
(Verständnisvolles Gelächter.)

Kritiker.

Nur ich kann nicht ganz drein mich finden,
Der Schluß ließ manche Lücke frei!

Öffentliche Meinung.

Ihr meint?

Kritiker
(wichtig).

Geduld! Ich werd' es begründen
In meiner nächsten Artikelreih'!

Heuchelei.

So hätt' uns denn der Weisheit Macht
Des Festes Sinn erhöht:
Was lang sich barg in scheuer Nacht
Ist wert, daß es besteht!
Zum letztenmal vereint euch hier
Der Höhle mystisch Dunkel —
Die nächste Orgie feiern wir
Kühn in des Tag's Gefunkel!
Auf, reicht die Hände euch zum Reih'n —
Gold, Wollust, mengt euch jauchzend drein!

(Sie verläßt ihren Thron, und schreitet die Stufen des Altars empor. Die Frauen mengen sich unter die Schar der Gäste. Alle reichen sich die Hände und umkreisen mit feierlich langsamen Schritten den Altar. Die Musik setzt aufs neue ein, tonmalend dem Sinn und Rhythmus der Einzelgesänge folgend.)

Eigentum.

Heilig, heilig ist das Gold,
Soweit es klingt, soweit es rollt,
Soweit in seinem Bann auf Erden
Wir Dirnen oder Schurken werden!
Sein Klang klirr' uns die Herzen taub,
Zum Gottesdienst werd' uns sein Raub!
Klebt auch des Nächsten Schweiß daran,
's ist seine Pflicht, was er gethan!
Wär's blutbefleckt auch und verflucht —
Nur Zahl und Serie wird gebucht!

Alle.

Wär's blutbefleckt auch und verflucht —
Nur Zahl und Serie wird gebucht!

Gerechtigkeit.

Heilig, heilig ist das Recht,
Solang ihr sagt, was gut und schlecht,

Soweit die Macht des Starken reicht,
Und knirschend sich der Schwache beugt!
Die ihr verdarbt, vernicht' ich ganz,
Beschließend euren blut'gen Tanz:
Die Mörder ihr — der Richter ich —
Nun Opfer zuck' und krümme dich!

Eigentum.

Der Richter du, der Mörder ich —
Nun, Opfer, zuck' und krümme dich!

Humanität.

Heilig, heilig ist das Werk,
Das verbirgt, was ihr zerstört,
Und, was auch der Tadel merk',
Durch ein Thränlein ihn bethört!
Die ihr triebt von Hof und Haus
Speis' im Armenstift ich aus;
Christlich pfleg' ich im Spital,

Die ein Treibrad bracht' zu Fall!
Mit geraubtem Waisengut
Helf' ich Denkmäler errichten —
Und wie bläht sich erst mein Mut,
Darf ich Glaubenshändel schlichten!
Die euch morden sollten, küssen
Euch die Hände, dankbeflissen,
Schurken werden Menschheitsretter,
Diebe preisen laut die Blätter —
Ja, ob ich auch Luxus schein' —
Immer bring' ich Zinsen ein!

Alle.

Ja, ob sie auch Luxus scheint —
Immer bringt sie Zinsen ein!

Öffentliche Meinung.

Glaubt nicht, daß ich selbst mich preise,
Die ich dienend euch umkreise —

Heute so und morgen so,
Immer brav und sklavenfroh!
Frech wie ihr bis an die Stirne —
Heute Dame, morgen Dirne,
Bald errötend, bald erbleichend,
Heute stürmend, morgen schleichend —
Aber stets in eurer Spur,
Wie's geziemt der Knechtsnatur!
Wo ihr schweigt — gelob' ich Ruh' —
Wo ihr tötet, schlag' ich zu!
Ihr verdammt — ich thu' entrüstet —
Ihr bestaunt — ich werde toll!
Jedem, dem nach mir gelüstet
Geb' ich hin mich ganz und voll —
Aber — und wär's auch nur Schein:
Stets muß es der Stärk're sein!

Alle.

Aber — und wär's auch nur Schein:
Stets muß es der Stärk're sein!

Ehe.

Heilig ist das Doppel-Tier,
Ward daraus auch nie ein Wir,
Flucht auch Sie, verrät auch Er —
Drückt die Kette noch so schwer!
Teufel Recht und Eigentum
Seht hier euer Mysterium;
Schaut hier euren Höllenbund:
Knirschend, schlangenstachel-wund ...
Nie fand ich im Geiste mich,
Mit dem Fleisch verfaule ich —
Zwischen Ekel und Verrat
Zeug' ich künft'gen Lebens Saat!

Wissenschaft.

Heilig ist auch meine Kraft,
Heilig ist die Wissenschaft —
Ob Gewalt sie auch ernährt,
Und den Maulkorb ihr beschert!

Hei, wie kühn schlug ich einst los,
Noch Gehalt- und Ehren-bloß,
Nur der Wahrheit angetraut ...
Doch das war 'ne arme Braut!
Und man bot mir die Maitresse
Pfründe, daß ich sie vergesse,
Ordensstern und Palmenfrack,
Und — haut-goût — die Faust im Sack!

Alle.

Ordensstern und Palmenfrack,
Und — haut-goût — die Faust im Sack!

Kritiker.

Daß ich nur mit mir zufrieden,
Ist wohl allbekannt hienieden:
Meine Meinung — meine Sendung!
Für sich selbst spricht die Vollendung!

(zur Heuchelei)

Will nicht lang drum euch beschweren —
Dich nur bitt' ich, mich zu hören —
Denn auch deinem Musenthron
Naht der Lümmel Revolution!

Alle.

Ha — (der Reigen löst sich, die Musik verstummt).

Heuchelei
(bestürzt).

Das heißt ans Herz mir fassen!
Meine Dichter, sanft und zahm,
Keusch und gut und lendenlahm,
Der Menschheit Scheuleder gegen die Wahr-
heit —

Kritiker.

Ja sieh: nun brüllen sie nach Klarheit!

Heuchelei.

Wie aber kam's? (Aufstampfend) Ich duld' es nicht —
Ruf' sie zurück zu ihrer Pflicht!
Sie sollen singen was gut und schön,
Wie ich, wie wir —

Öffentliche Meinung.

O süß Getön!

Eigentum.

Wie friedlich konnt' ich dabei verdau'n!

Gerechtigkeit.

Nie mußt' ich ins Gesetzbuch schau'n!

Kritiker.

Und alles ward so ästhetisch geschlichtet,
Weil sie nur für gute Menschen gedichtet!

Öffentliche Meinung.

Ja, sagen wir's offen: wie viel war es wert,
Zu wissen, daß auf dieser Erd'
Doch alles so vortrefflich eingerichtet!

Kritiker.

Auch konnt' ich ohne Kopfzerbrechen
Die Trefflichen lesen und besprechen —
Und schlug ich ein unbequemes Genie
Zur Erde, im Namen der Poesie,
Gab's nebst dem ständigen Honorar
Noch den Beifall der ganzen Kollegenschar,
Denn als Maxime üb' ich beim Schelten:
Was du nicht verstehst, laß auch nicht gelten!
Nun seht das junge Federvieh,
Das ehrt keinen lapsus calami,
Und brächt' ihn auch das größte Journal —
Die Bande lärmt und wird fatal!

Öffentliche Meinung.

Die tolle, aberwitz'ge Zunft —
Bring' sie doch endlich zur Vernunft!

Kritiker.

Was sie von socialen Schäden
Und ähnlichem Geflunker reden,
Ist der Müh' nicht wert, daß ich's erwähn' —

Eigentum.

O doch, mein Herr! Wüßt' nicht, wofür
Ansonst ich noch euer Blatt subventionier'!

Gerechtigkeit.

Magst ruhig sein, lieb' Eigentum,
Da greif' ich ein, und mach' sie stumm!

Heuchelei.

Flink, sieh vor Ungeduld mich brennen;
Was wagen sie sonst noch beim Namen zu nennen?

Kritiker.

Ach — alles, was dir heilig galt!
Und — sieh, mich überrieselt's kalt:
Zuvörderst schildern sie die Frauen
So wie sie sind!

Ehe.

O Schmach und Grauen —
Die künftigen Mütter!

Kritiker
(verlegen).

Ja seht, im Vertrauen
Gesagt: auch diese sind manchmal — Frauen!

Alle.

Hihi —

Heuchelei.

Dann aber sagt man's nicht —
Wer brächte Solches in ein Gedicht?!

Kritiker.

Wer? Alle! Und nicht erst ausgeheckt,
Und keusch hinter Schönheit und Güte versteckt!
Nein, wie man's erlebt von Fall zu Fall,
Und nackend, wie's die Dirne Skandal
Auf offener Straß' erzählt!

Öffentliche Meinung
(vertraulich).

Hehe —
Nun glaub' ich zu wissen, was dich quält!
Da bracht' jüngst so ein Wahrheitsretter
Ein prächtig Stücklein auf die Bretter —

Sei offen: es war dein eig'nes Histörchen!
Wir kennen uns ja, sind unter uns!

Kritiker.

Du bist falsch berichtet! Schnacken, Märchen!
Und — wär' dem auch so — doch war es nie —
Was soll damit die Poesie?
Genieß ich mein Dasein hier auf Erden,
Daß jenen Halunken Stoffe werden?
Heißt die Moral der menschlichen Blöße
Nicht in jeder Ästhetik „sittliche Größe"?
Potztausend, und dies uns glauben zu machen,
Das war bisher des Dichters Pflicht!

(Ein unheimliches, rasch anwachsendes Getöse, wie vom Zusammen=
sturze gewaltiger Massen, wird plötzlich vernehmbar.)

Alle
(entsetzt).

Verrat! Uns're Festen splittern und krachen —
Die Pforte fliegt auf — pfui, es wird Licht!

(Ein greller Lichtschein erfüllt den unterirdischen Gang und dringt in die Grotte. Rasche Schritte nahen. Alle steh'n in starren Gruppen.)

Heuchelei

(zum Ausgang der Pforte stürzend).

Wer wagt es? Ha — noch straft dies Scepter!

Dichter

(rasch eintretend).

Ich! (entreißt der Heuchelei das Scepter, und wirft es zerbrochen zu ihren Füßen. Sie taumelt wie ohnmächtig zurück.)

Nun, gebrauche deine Macht!
Umsonst! Licht brach in eure Nacht!

(um sich blickend)

Ei sieh, da seid ihr ja alle wieder,
Der Gesellschaft ehrenwerte Glieder!
Die wie Büttel draußen die Wahrheit um-
lauert —
Hier treff' ich euch also — zusammengekauert,
Mystagogen in dem heil'gen Reich,
Das Bethaus und Bordell zugleich?

Kritiker

(sich erholend).

Ich glaub' gar — ein moderner Dichter!

Alle

(ausbrechend).

Jagt ihn — stäupt ihn! Dies Gelichter!

Dichter.

Kommt an! Nur Schatten seid ihr mehr —
Euer Tag ist aus — euer Thron steht leer!

(Das Splittern und Krachen verstärkt sich zum Getöse. Helles Gejauchz und sturmzerrissene Siegeslieder mengen sich, wie aus weiter Ferne erschallend, darein.)

Hört ihr's? Der Lüge jüngster Tag
Brach an! Da oben, Schlag auf Schlag,
Kracht euer Frevelbau zusammen,
Von eines heil'gen Weltbrand's Flammen
Verzehrt, von eines Glutstroms Wogen
Verschlungen mit allen, die je gelogen!

Denn wie im Schoß der Erde, das Feuer,
Das göttliche, dem einst sie entloht,
Fortglimmt, und allem, was Menschen teuer,
Oft plötzlich mit Zerstörung droht,
Die lebenheuchelnde, trügende Kruste
Zersprengend, die mit der Sonne buhlt,
So brennt auch unter all' dem Wuste
Von Lüg' und Frevel und Schmach und Schuld,
Der Wahrheit heiliges Feuer weiter,
Und weh' allen, die je es zurückgedrängt,
Wenn plötzlich es seine Fesseln sprengt,
Und emporschlägt: göttlich-zerstörungsheiter!

Eigentum
(verzweifelt).

Mein Gold!

Gerechtigkeit.

Meine Macht!

Akademiker.

Mein Ruhm!

Kritiker.

Und ich?

Alle
(auf die Heuchelei zustürzend).

Nun rett' uns, Starke, nun zeige dich!

Dichter.

Umsonst! Verbirgt sie auch den Leib,
Den aussatzkranken, in gold'nen Hüllen —
(reißt ihr die Maske vom Antlitz)
Da seht die Vettel — das kraftlose Weib —
Nie wird, was ihr fleht, mehr sie erfüllen!
Euer bestes Teil hat sie euch geraubt,
Nur stark, solang' ihr an sie geglaubt!
Mich aber sandt' in die Dunkelheit

Als ihren Herold die neue Zeit,
Die Zeit, die blumengleich aufsprießt
Aus dem sündigen Blute, das draußen fließt!
Der junge, freie Menschentag,
Der oben sich schmückt mit der Siegeskrone —
folg', wer mir folgen darf und mag,
Hinauf an seine gold'ne Sonne!

Das Weib.

Die Fesseln herab! Hinauf! Laß mich —

Der Mann.

Haha, wähnst du, ich hielte dich? (Lüstern)
Da draußen all die blüh'nden Frauen ...

Das Weib
(hämisch).

Wo du geschielt, darfst du nun schauen,
Wahr sein, wo einst du mich belogen —

Doch wiss': auch ich hab' dich betrogen!
Ich, der du Sinne und Phantasie
Vergiftet, als die Poesie
Der Liebe schwand, und nur mehr Lust
Dich riß an meine welke Brust!

Der Mann
(verletzt).

Du? Lüg' nicht! Warst du auch ein Weib —
Nur eines Mannes war dein Leib!

Das Weib.

Mein Leib — haha — doch meine Seele!
Frugst du im Bett, wem ich die vermähle,
Und mit ihr, der frei'n, mein geknechtet Ich?

(Reißt sich die Fesseln von den Händen und schleudert sie ins Antlitz des Mannes)

Haha — die Schlangen über — dich!

Beide
(auf den Dichter losstürzend).

Nimm uns hinauf!

Dichter.

Nicht wie ihr seid!
Was aneinander verbrochen ihr,
Es sterbe mit euch in Vergessenheit hier!
(zum Eigentum)
Und du mit ihnen und deinem Gold,
Das in gleißender Fülle dort klirrt und rollt —
Ein Schatz, so arm nun wie die Not!

Eigentum.

Und doch — ich lieb's bis in den Tod!

Dichter
(an die Gerechtigkeit sich wendend).

Dich ruft zum Dienst die neue Zeit,
In and'rer Form, in schlicht'rem Kleid!

(zur Wissenschaft)
Dir giebt sie Hand und Zunge frei,
Löst dich aus schnöder Sklaverei:
Dein Weg dein Glück, dein Ziel dein Lohn —
Dann wird sie knie'n vor deinem Thron!

(zur öffentlichen Meinung)
Dir aber soll die Hand ich reichen,
Dich mit mir führen, empor zum Licht —
Wie Ekel will es mich beschleichen:
Eine schmutz'gere Dirne sah ich noch nicht!
Befleckt von allem Niedern und Bösen,
Entwürdigt, entselbstet, im — Narrengewand —
Und doch, kann ich dich noch erlösen,
Es sei gewagt — hier meine Hand!

(führt die, auf seine Schulter sich Stützende, dem Ausgange zu.
Gerechtigkeit und Wissenschaft folgen.)

Kritiker
(ungehalten).

Und — Ich?

Dichter

(zurückblickend).

Zwar frug man nicht nach dir ...
Doch willst du bescheiden sein und ehrlich
Und wahrhaftig, — dann folge mir!

Kritiker

(nacheilend).

Ich wußt' ja, daß ich unentbehrlich!

Dichter

(mit plötzlicher Wendung).

Vielleicht! ... und drum ergeht an dich mein Ruf.
Wer liebt das Werk nicht, das er selbst erschuf —
Doch soll, was Traum bis heute war, besteh'n,
Muß es dem Leben erst ins Antlitz seh'n,
Und wie es draußen eine Welt vernichtet,
Nun zeigen, ob es Besseres — erdichtet!
Der Tag des Sieges ist ein Tag der Schuld,
Und Kampf nicht immer schaffende Geduld!

Vielleicht, daß wir so viel vorweggenommen,
Wie ihren Gott der Kinderwahn der Frommen,
Und daß, was wir am alten Bau bemäkelt,
In and'rer Form das junge Werk verekelt.
Dem Träumer nicht, noch dem, der sie zerstört,
Nur dem, der leben kann, die Welt gehört —
Ein ehern Recht — jenseits von Haß und Lieben,
Dem Dasein selber an die Stirn geschrieben!
Mit denen die gesiegt, hab' ich geträumt,
Mit denen die gekämpft, mich aufgebäumt,
Gedarbt mit den Entbehrenden — mein Sehnen
Erfrischt an ihren werdeschwang'ren Thränen ...
Doch ob auch uns're Fahnen draußen fliegen —
Natur allein bewacht die gold'nen Wiegen,
Daraus, gehüllt in der Äonen Schweigen,
Der Menschheit urgebor'ne Lose steigen!
Und so bescheid' ich mich — ein Mensch wie du,
Die Ew'ge sieht uns beiden ruhig zu!
War's deine Schuld, den Alltag zu verwirren,
Wär's schlimmre noch, im Morgen sich zu irren —

Wenn ich es that ... wer sagt's? Gieb mir
die Hand,
Noterbe aller Phantasie — Verstand!

(Der Ausgang der Grotte erweitert sich. Ausblick in eine lachende
Frühlingslandschaft. Der aus der Ferne erschallende Gesang wird
allmählich deutlicher. Ein Arbeiterheer zieht mit bekränzten Waffen
vorüber. Rote, im Wind aufflatternde Banner werden sichtbar.
Die Wände der Grotte geben das Echo unzählbarer Schritte wieder.)

Gesang der Arbeiter.

Die Wahrheit ist erstanden,

Befreit von Todesbanden —

Der Trug hat keinen Stachel mehr,

Der Stein ist weg — das Grab ist leer!

Seht ihrer Wunden Male

Aufblüh'n im Sonnenstrahle —

O Duldermut, o Siegesglück,

Weit weichen Nacht und Kreuz zurück!

Wir, die für sie gestritten,

Wir, die mit ihr gelitten —

Den gleichen Weg mit ihr hinan,
Der Menschheit heil'ge Sonnenbahn!

Die Wahrheit ist erstanden,
Befreit von Todesbanden —
Und weithin, rings auf Erden,
Soll's Frühling ... Frühling werden!

(Während der letzten Strophe schließt sich der Dichter und seine
Begleitung den Vorüberziehenden an. Hinter ihnen fällt die
Pforte zu; es wird Nacht. Die Grotte versinkt.)

Von derselben Verfasserin erschienen früher
im Verlage von Breitkopf und Härtel in Leipzig.

Robespierre.
Ein modernes Epos.
2 Bde. Geh. 10 ℳ; geb. ℳ 12.50.

Der Rebell. Bozi.
Zwei Erzählungen.
Geh. 3 ℳ; geb. 4 ℳ.

Italische Vignetten.
Geh. 3 ℳ; geb. 4 ℳ.

Gedichte.
Dritte, sehr vermehrte Auflage.
Mit dem Bildnisse der Verfasserin von William Unger.
Geh. 3 ℳ; geb. 4 ℳ.

Im Verlage von Karl Konegen in Wien.

Hermann.
Deutsches Heldengedicht in zwölf Gesängen.
Zweite Auflage. Geh. 4 ℳ; geb. 5 ℳ.

Saul.
Tragödie in fünf Akten.
Geh. ℳ 1.80; geb. ℳ 2.80.

Die Zigeunerin.
Eine Erzählung.
Geh. ℳ 1.40; geb. ℳ 2.40.